PÉNÉLOPE,

TRAGÉDIE-LYRIQUE.

PÉNÉLOPE,

TRAGÉDIE LYRIQUE,

EN TROIS ACTES,

Repréſentée devant *LEURS MAJESTÉS*,
à *Fontainebleau*, le 2 *Novembre* 1785.

DE L'IMPRIMERIE

De P. R. C. BALLARD, ſeul Imprimeur pour la Muſique de
la Chambre, Menus-Plaiſirs & Grande Chapelle du ROI,
& de Monſeigneur Comte & Madame Comteſſe D'ARTOIS.

M. DCC. LXXXV.

Par exprès Commandement de Sa Majeſté.

Les Paroles font de M. MARMONTEL.

La Musique est de M. PICCINI.

ACTEURS ET ACTRICES

CHANTANS DANS LES CHŒURS.

Côté du Roi.		Côté de la Reine.	
Les D^{lles}.	*Les S^{rs}.*	*Les D^{lles}.*	*Les S^{rs}.*
Dubuiſſon.	Larlat.	Thaunat.	Peré.
Rouxelin.	Pouſſet.	D'Hautrive.	Rey.
Garrus.	Legrand.	Desroſieres.	Martin.
Leclerc.	Valon.	Launer.	Capoi.
Charmoy.	Jaillot.	Joſephine.	Saint-Etienne.
Lacourneuve.	Cavailiers.	Sanctus.	Tacuſſet.
	Jalaguier.		Leroux l.
	Moulin.		Leroux c.
	Delbois.		Cleret.
	Jouve.		Fagnan.
	Deberck.		Lory.

PERSONNAGES DANSANS.

ACTE SECOND.

BERGERS.

Le Sr NIVELON,   Le S_r FRÉDÉRIC.

BERGERES.

La D^{lle} DORIVAL,   La D^{lle} ZACHARIE,
La D^{lle} COULON.

PASTRES ET PASTOURELLES.

Le Sr LAURENT,   La D^{lle} HILIGEBERG.

BERGERS.

Les Srs Caster, Delahaix, Clerget, Leberton, Ducel, Guillet, l.

BERGERES.

Les D^{lles} Lafond, Siville, Leclerc, Bernard, Courtois, Hortense.

PERSONNAGES DANSANS

*Dans le troisième Acte du Ballet de Panurge,
à la suite de Pénélope.*

LANTERNOIS.

Le Sr COULON,   La D^{lle} HILIGEBERG.

Les Srs Siville, Desforges, Boyer, Deschamp.
Les D^{lles} Laborie, Vanloo, Camille, Langlois, c.

CHINOIS.

Le Sr LAURENT,   La D^{lle} ZACHARIE.

Les Srs Gaienetey, Largiere.
Les D^{lles} Henriette, Meziere.

HABITANS DE L'ISLE DE FORMOSE.

Le Sr VESTRIS,   La D^{lle} LANGLOIS.

Les Srs Barré, Guillet, c., Clerget, Ducel.
Les D^{lles} Siville, Leclerc, Masson, Lacoste.

TARTARES.

Le Sr GARDEL,   La D^{lle} PERIGNON.

Les Srs Simonet, Lebel, Milon, Poinon.
Les D^{lles} Bigotini, Simon, Puisieux, Barré.

TAMBOURIN.

Le Sr CARBONEL.

ACTEURS.

PÉNÉLOPE,	La D^{lle} Saint-Huberti.
THÉONE,	La D^{lle} Maillard.
THÉLÉMAQUE	Le Sr Lainé.
ULISSE,	Le Sr Larrivée.
LAÈRTE,	Le Sr Chardini.
EUMÉE,	Le Sr Rousseau.
NÉSUS,	Le Sr Moreau.
MINERVE,	La D^{lle} Chateauvieux.
CORIPHÉE,	La D^{lle} Buret.

HUIT POURSUIVANS DE PÉNÉLOPE.

PEUPLES.

PÉNÉLOPE,

TRAGÉDIE-LYRIQUE.

ACTE PREMIER.

Le Théatre repréfente le Veftibule du Palais d'Ulyffe, & au-delà, une Sàlle où les Pourfui-vans de Pénélope font à table.

SCENE PREMIÈRE.

PÉNÉLOPE, THÉONE, *& autres Suivantes de Pénélope, fur le devant du Théatre.*

LES POURSUIVANS, *dans le fond.*

CHŒUR DES POURSUIVANS.

LAISSONS les Amans de la gloire
Chercher la mort ou la victoire

A

PÉNÉLOPE,

Dans les climats les plus lointains.
Parmi les jeux & les feftins,
Une plus douce ardeur nous preffe.
Dieu de l'amour, Dieu de l'ivreffe,
Vous préfidez à nos deftins.

PÉNÉLOPE, *les écoutant.*

Qui redouble aujourd'hui leur barbare allégreffe?
Ont-ils de mon malheur des avis plus certains ?

CHŒUR.

Dieu de l'amour, Dieu de l'ivreffe,
Vous préfidez à nos deftins.

PÉNÉLOPE.

Vils & lâches tyrans, l'opprobre de la Grèce !

CHŒUR.

Dieu de l'amour, &c.

PÉNÉLOPE.

Dans la joie ils nagent fans ceffe ;
Et moi, dans la douleur, je fens que je m'éteins.

CHŒUR.

Parmi les jeux & les feftins,
Dieu de l'amour, Dieu de l'ivreffe,
Vous préfidez à nos deftins.

SCENE II.

LES DÉPUTÉS *du Peuple, & les Précédens.*

LES DÉPUTÉS, *à PÉNÉLOPE.*

UN Peuple accablé de tristesse,
En soupirant, vous tend les mains.
Le ferez-vous gémir sans cesse
Sous ses oppresseurs inhumains?

PÉNÉLOPE, *à part.*

Peuple asservi, c'est ta foiblesse
Qui fait les maux dont je me plains.

LES DÉPUTÉS.

Cédez aux vœux qu'il vous adresse:
De vous dépendent ses destins.

PÉNÉLOPE.

Peuple asservi, c'est ta foiblesse
Qui fait les maux dont je me plains.

LES POURSUIVANS.

Dieu de l'amour, Dieu de l'ivresse,
Vous présidez à nos destins.

(*Les Poursuivans se retirent.*)

PÉNÉLOPE,

PÉNÉLOPE, *aux Députés.*

Je connois vos malheurs, & mon cœur les partage.
Si je n'ai plus d'espoir, si mon époux est mort,
Dans un nouvel hymen on veut que je m'engage ;
Au retour de mon fils, je subirai mon, sort :
    N'en demandez pas davantage.
(*Les Députés se retirent.*)

SCENE III.

PÉNÉLOPE, *& sa Suite.*

PÉNÉLOPE.

Dieux justes, Dieux vengeurs, nous abandon-
    nez-vous ?
Ah ! rendez-moi mon fils, rendez-moi mon époux.

A I R.

    Reine captive ,
    Mère craintive ,
    Epouse en pleurs ,
    A quels malheurs
    Le ciel me livre !
Cessez cruels de me poursuivre ,
Ou je succombe à mes douleurs.
Reviens, mon fils, reviens :
Tes dangers sont les miens.

Si tu péris fur l'onde,
Quel fera mon foutien?
Rends à ta mère le feul bien
Qui lui refte encor dans le monde.
Reviens, mon fils, reviens:
Tes dangers font les miens.

SCENE IV.

NÉSUS, PÉNÉLOPE, & fa Suite.

NÉSUS.

TREMBLEZ, Reine, tremblez que ce vœu s'ac-
compliffe.
Le piège de la mort attend le fils d'Ulyffe :
S'il revient, s'il aborde, il périt fous les flots.

PÉNÉLOPE.

Télémaque !

NÉSUS.

Témoin du plus noir des complots,
Je n'en veux pas être complice ;
Et je n'attends qu'un vent propice,
Pour me ramener à Délos.

PÉNÉLOPE.

Vous laiffez périr Télémaque !

A 3

Théone.

Vous, le seul de vingt Rois qui font gémir Itaque,
Le seul dont Pénélope attendoit du secours !

Nésus.

De ses calamités j'allois trancher le cours ;
Tout a changé. Son cœur à mes vœux se refuse :
Ses délais, ses détours me l'ont trop bien appris.
Je ne veux plus nourrir un espoir qui m'abuse.
De son malheur elle m'accuse ;
Qu'elle en accuse ses mépris.

Théone.

Quel amour !

Nésus.

Dans un cœur généreux & sincère,
L'amour trompé se change en un dépit mortel ;
Mais si c'est en moi qu'elle espère,
Pour rendre à Télémaque un défenseur, un père,
Elle n'a qu'à vouloir : je l'attends à l'autel.

(*Il sort.*)

SCENE V.

PÉNÉLOPE, THÉONE, & *sa Suite.*

PÉNÉLOPE.

O crime ! ô noirceur détestable !
Dans ce péril épouvantable,
Que résoudre ? à qui recourir ?
Mon fils, je suis réduite au choix inévitable
Ou de trahir ton père, ou de te voir périr.

CHŒUR DE FEMMES.

O malheureuse mère !
Votre fils va périr.

PÉNÉLOPE.

O malheureuse mère !
A quel Dieu recourir ?
Hélas ! si je diffère,
Mon fils, tu vas mourir.
Dois-je trahir ton père ?
Dois-je te voir périr ?

CHŒUR.

O malheureuse mère !
Votre fils va périr.

A 4

PÉNÉLOPE.

O malheureuse mère !
A quel Dieu recourir ?

Il me reste un espoir : c'est qu'un vent secourable,
Ou plutôt un Dieu favorable
S'oppose à son retour, & l'éloigne du port.
Hélas ! où me réduit le sort !
Ce retour, ce moment pour moi si desirable,
M'épouvante plus que la mort !

SCÉNE VI.

EUMÉE, & *les Précédens.*

THÉONE.

Eumée, en ces lieux qui t'amène ?

EUMÉE.

Le ciel est touché de nos pleurs.
Télémaque revient.

PÉNÉLOPE.

Dieux !

EUMÉE.

Sur l'humide plaine,
J'ai de ses pavillons reconnu les couleurs.

PÉNÉLOPE.

O jour funeste !... je me meurs.
(Elle tombe dans les bras de ses Femmes.)

THÉONE.

'Allez, ami fage & fidèle,
D'une barque légère empruntez le fecours ;
Eloignez Télémaque : il y va de fes jours.

EUMÉE.

Ses jours font ménacés !

THÉONE.

Dans fa frayeur mortelle,
La Reine à vous feul a recours.

EUMÉE,

Hélas ! pour lui que peut mon zèle,
Dans un péril fi grand, & des inftans fi courts !

(*Il fort.*)

SCENE VII.

PÉNÉLOPE, ses Femmes.

PÉNÉLOPE, *dans le trouble & l'effroi.*

C'en eſt fait. La mort l'environne.
 Néſus pouvoit ſeul aujourd'hui
Le ſauver, le défendre ; & Néſus l'abandonne !
'Ah ! s'il eſt temps encor, va, ma chère Théone,
 Implorer ſon appui.
Qu'il délivre mon fils, qu'il le rende à ſa mère ;
C'en eſt aſſez : pour prix d'une tête ſi chère,
Je m'engage, ou plutôt je m'abandonne à lui.
 (*Théone ſort.*)

J

SCENE VIII.

PÉNÉLOPE, *sa Suite.*

CHŒUR.

Du sein des plus triftes alarmes,
Voyez renaître de beaux jours.
L'Hymen, conduit par les Amours,
Aura bientôt féché vos larmes.
Du sein des plus triftes alarmes,
Voyez renaître de beaux jours.

(*Pendant le Chœur, Pénélope refte abforbée dans fa douleur.*)

PÉNÉLOPE.

Qu'ai-je promis? ah! malheureufe!
Ou mon époux refpire, ou fon ombre m'entend
Du fein de la nuit ténébreufe!
Entre l'autel & moi, je la vois qui m'attend.

AIR.

Oui, je la voi, cette ombre errante:
C'eft elle-même; oui, je la voi.
Elle eft plaintive & gémiffante;
Elle eft terrible & menaçante.
Chère ombre, approche, appaife-toi.

Je t'ai juré d'être à jamais fidèle,
Je l'ai juré dans nos adieux ;
Et de ma conſtance éternelle
J'ai pris à témoin tous les Dieux.
Mais ſi je ne ſuis criminelle,
Ton fils va périr à mes yeux.

SCENE IX.

PÉNÉLOPE, *ſa Suite*, **LES POURSUIVANS.**

PÉNÉLOPE.

Qui de vous? qui de vous, perfides,
S'apprête à me percer le ſein?
Teints du ſang de mon fils, dont vous êtes avides,
De ſa mère aujourd'hui quel ſera l'aſſaſſin?

CHŒUR.

Qui peut nous imputer ce coupable deſſein?

PÉNÉLOPE.

Oui, ſacrilèges que vous êtes,
Oui, vous l'avez conçu ce forfait odieux,
Au ſein de vos barbares fêtes,
Dans le Palais d'Ulyſſe, à l'aſpect de ſes Dieux.

CHŒUR.

L'effroi mortel
Qui règne dans votre ame,
Peut dans l'inftant fe calmer à l'autel.
Entre vingt Rois,
Que même ardeur enflamme,
Faites un choix;
Vos vœux feront nos loix.

PÉNÉLOPE, *vivement.*

Qu'on me rende mon fils, que lui-même il m'an-
nonce
Qu'Ulyffe eft defcendu dans la nuit du tombeau;
A lui garder ma foi déformais je renonce,
Et je vais de l'Hymen rallumer le flambeau.

CHŒUR.

Non, non, c'eft une feinte,
C'eft un nouveau détour.

PÉNÉLOPE.

Hélas! encore un jour.

CHŒUR.

Non, non, c'eft une feinte.

PÉNÉLOPE,

PÉNÉLOPE.

O mortelle contrainte !

CHŒUR.

C'eft un nouveau détour.

PÉNÉLOPE.

Vous me glacez de crainte.

CHŒUR.

Cédez, cédez fans crainte
Au plus ardent amour.

PÉNÉLOPE.

Vous me glacez de crainte ;
Et vous parlez d'amour !

CHŒUR.

Cédez, &c.

PÉNÉLOPE.

Faut-il, pour combler ma mifère,
Vous livrer mes Etats, mon Palais, mes tréfors ;
Qu'une barque à l'inftant m'éloigne de ces bords.

J'irai chez Icare mon père
Oublier tous les biens que vous m'aurez ravis.
Seulement, avec moi que j'emmène mon fils :
C'eft le feul tréfor d'une mère.

Chœur.

Nous brûlons tous
De régner fur votre ame.
C'eft le feul bien dont nous foyons jaloux.
Entre vingt Rois,
Que même ardeur enflamme,
Faites un choix;
Vos vœux feront nos loix.

Pénélope.

Cruels! vous infultez aux larmes d'une mère.

Chœur.

Nommez l'époux que votre cœur préfère,
Et dans l'inftant vos larmes vont tarir.

Chœur de Femmes.

O malheureufe mère!
Votre fils va périr.

PÉNÉLOPE.

O malheureuse mère!
C'est à moi de mourir.
(*Un trait de symphonie annonce l'arrivée de
Télémaque.*)
Dieux ! mon fils !
    (*Elle se précipite dans ses bras.*)

SCENE X.

SCENE X.

TÉLÉMAQUE, EUMÉE, *les Précédens,*
PEUPLE D'ITAQUE.

TÉLÉMAQUE.

Enfin, Reine augufte,
Nos malheurs vont finir : Ulyffe n'eft pas loin.

PÉNÉLOPE.

Il eft vivant !

TÉLÉMAQUE.

Le Ciel eft jufte ;
Et des jours d'un Héros lui-même il a pris foin.

AIR.

Couvert de l'Egide immortelle,
Il va rentrer dans fes Etats.
L'injure infolente & cruelle
Va voir punir fes attentats.
Dans la terreur & le filence,
Que tout s'abaiffe devant lui.
Loin de nous, coupable licence.
Raffure-toi, foible innocence :
Les Dieux te rendent ton appui.

B

CHŒUR DES POURSUIVANS, *à part.*

Jeune imprudent, ton espérance
Sera confondue aujourd'hui.

PÉNÉLOPE.

Dieux protecteurs de l'innocence
Vous vous déclarez aujourd'hui.

CHŒUR DU PEUPLE.

Aux doux rayons de l'espérance
Nos cœurs sont ouverts aujourd'hui.

TÉLÉMAQUE.

Rassure toi, foible innocence :
Les Dieux te rendent ton appui.

CHŒUR DES POURSUIVANS.

Jeune imprudent, ton espérance
Sera confondue aujourd'hui.

Fin du premier Acte.

ACTE II.

Le Théatre repréſente un Hameau, où l'on diſtingue le vieux château de Laèrte & la maiſon d'Eumée. On voit la Mer dans l'éloignement.

SCENE PREMIERE.

LAÈRTE, EUMÉE, *quelques PASTEURS.*
(*Laërte eſt ſoutenu par deux Paſteurs.*)

EUMÉE.

Cessez, vénérable Laèrte,
Ceſſez de gémir ſur la perte
D'un fils ſi long-temps attendu.
Il reſpire, il revient.

LAÈRTE.

L'ai-je bien entendu
Soutenez-moi, Je touche à mon heure dernière.

B 2

Eumée, eft-il bien vrai qu'Ulyffe m'eft rendu ?
Avant de quitter la lumière,
J'embrafferai mon fils! C'en eft affez grands Dieux.
Sans regret, chez les morts, je joindrai mes aïeux
Si la main de mon fils me ferme la paupière.
Que de maux fon abfence a caufés dans ces lieux
Mais à fon époufe fidelle
Qui vient de fon retour annoncer la nouvelle?

EUMÉE.

Télémaque leur fils.

LAÈRTE.

Qu'il paroiffe à mes yeux.

EUMÉE.

Vous le voyez.

SCENE II.

TÉLÉMAQUE, & les Précédens.

LAÈRTE.

CHER Prince, objet de ma tendresse,
Dans mes bras défaillans, est-ce vous que je presse?
A combien de périls je vous vois échappé !
(*vivement.*)
Du retour de mon fils avez-vous l'assurance?
Une trop légère espérance
Ne vous a-t-elle point trompé?

TÉLÉMAQUE.

Il revient. Les Dieux & les hommes,
Tout conspire à me l'assurer.

LAÈRTE, *triste & tendre.*

Qu'il vienne donc sans différer.
Hélas ! dans l'état où nous sommes
Je n'ai plus le temps d'espérer.

AIR.

De ma vieillesse chancelante
Je vois s'éteindre le flambeau.

B 3

Je touche au bord de mon tombeau ;
Et pour moi plus de longue attente.
O mort ! fois du moins affez lente,
Pour me laiffer un jour fi beau.

SCENE III.

Foule de PASTEURS, *& les Précédens.*

LAÈRTE, *vivement.*

Venez, Pafteurs, venez féliciter un père.
De vingt ans de malheurs je ferai confolé.
Le ciel me rend un fils ; on veut que je l'efpère.

UN PASTEUR.

Le bruit de fon retour jufqu'à nous a volé.

CHŒUR, *à* TÉLÉMAQUE.

Prince adoré, quelle allégreffe
Dans tous les cœurs vous répandez !
Ulyffe a paru dans la Grèce ;
Et fur ces bords vous l'attendez !

LAÈRTE, *avec le* CHŒUR.

{ A leur amour, à ma tendreffe,
{ A notre amour, à fa tendreffe,

Dieux bienfaifans, vous le rendez.

(Les Pafteurs expriment leur joie par des Danfes.
La fymphonie annonce l'approche d'un orage. Le
Théatre s'obfcurcit.)

EUMÉE, à TÉLÉMAQUE.

Prince, on apperçoit du rivage
Un Vaiffeau battu par les flots,
Et la frayeur des Matelots
Annonce un violent orage.

(La fymphonie exprime les progrès de l'orage.)

CHŒUR.

Quels bruits dans les airs !
Les flots y répondent ;
Déja fe confondent
Les cieux & les mers.
Sur l'onde écumante,
Dieux ! quelle tourmente !
Quelle fombre horreur !
Au bruit du tonnerre,
Les vents en fureur
Se livrent la guerre.
Le ciel fur la terre
Répand la terreur.

B 4

PÉNÉLOPE,

TÉLÉMAQUE.

Que je plains le fort
De tant de victimes !

EUMÉE.

D'immenfes abîmes
Leur offrent la mort.

TÉLÉMAQUE.

O Dieux ! fi mon père
Couroit ce danger !

LAÈRTE.

O Dieux ! fi ton père
Couroit ce danger !

EUMÉE.

O Dieux ! fi fon père
Couroit ce danger !

LES TROIS.

Neptune en colère
Les va fubmerger.

CHŒUR, *avec les Précédens.*

Quel cri lamentable !
Quel funefte bruit !

La vague indomptable
Les brise & s'enfuit.

TÉLÉMAQUE.

Ah ! dans les horreurs du naufrage,
Hâtons-nous de les secourir.

CHŒUR DE VIEILLARDS, *avec* LAÈRTE.

Avant d'arriver à notre âge,
Combien de dangers à courir !

(*Tous se retirent.*)

(*Le Théatre change, & représente une grotte
percée à jour, & dans le fond la plaine mer.*)

SCENE IV.

ULYSSE, *seul.*

Tout a péri. Sur quel rivage
Me jettent les vents furieux ?
Seul, errant, désarmé, chez un Peuple sauvage,
Vais-je trouver ici la mort ou l'esclavage ?
Que vois-je ? En croirai-je mes yeux ?
Tout me rappelle Ithaque. Oui, ce beau lieu ressemble
A cette grotte, où sur nos bords,
Le Chœur des Nymphes se rassemble,
Et fait retentir l'air de ses divins accords.

(*Il sort.*)

SCENE V.

LES NYMPHES *de la Mer.*

CHŒUR DES NYMPHES.

LE jour renaît, les vents se taisent,
Un ciel plus serein nous sourit :
L'air est calmé, les flots s'appaisent,
Sur le rivage tout fleurit.
Reparoissez, plaisirs timides,
Que la frayeur a dispersés.
Viens tendre amour, toi, qui les guides,
Viens ranimer les cœurs que la crainte a glacés.

SCENE VI.

ULYSSE, les NYMPHES.

ULYSSE.

O Nymphes ! raffurez ma timide efpérance.
Hélas ! fi j'en crois l'apparence
Ici pour vous cent fois j'ai fait brûler l'encens.

UNE NYMPHE.

Et qui ne connoît pas les bords où tu defcends !
Le nom d'Ithaque & fa gloire
Sont portés par la victoire
Jufqu'aux plus lointains climats.

ULYSSE.

Beile Nymphe, eft-il vrai ? ne me flattez-vous pas ;
Et fuis-je en effet dans Ithaque ?
Laèrte, Pénélope, & fon fils Télémaque,
Sont-ils vivans ? Sont-ils paifiblement unis ?

LA NYMPHE.

La violence & l'injuftice
Menacent la mère & le fils.

CHŒUR DES NYMPHES.

Va les revoir, prudent Ulysse.
Dissimule, observe, & punis.

LA NYMPHE.

Minerve a sur ton front imprimé la vieillesse,
Pour tromper les yeux de ta Cour.

CHŒUR.

Arme-toi d'un cœur sans foiblesse ;
Et sur-tout, défend-toi des larmes de l'amour.

SCENE VII.

ULYSSE, seul.

AIR.

QUEL malheur m'est prédit encore ?
N'ai-je donc pas assez souffert ?
Pénélope, ô toi que j'adore !
Et toi mon fils, à ton aurore,
Loin de moi, sous vos pas quel abîme est ouvert ?
Quel malheur m'est prédit encore ?
N'ai-je donc pas assez souffert ?
Ithaque ! ô ma douce patrie !
Je n'ai soupiré que pour toi.

Je te revois, Isle chérie,
Et ne puis te voir sans effroi !
J'échappe à la mer en furie,
Le calme enfin renaît pour moi ;
Je te revois, Isle chérie,
Et ne puis te voir sans effroi.
Quel malheur, &c.

Qui vient à moi sur ce rivage ?

SCENE VIII.

ULYSSE, TÉLÉMAQUE, EUMÉE.

TÉLÉMAQUE.

N'EST-CE pas vous, digne Etranger,
Qu'on a vu sur ce bord jetté par le naufrage ?
Ah ! de cet horrible danger
C'est quelque Dieu qui vous dégage.

ULYSSE.

Oui, jeune homme, oui, des Dieux ce prodige est
l'ouvrage ;
Et tout malheureux que je suis,
Je ressens leurs bienfaits autant que je le puis.

TÉLÉMAQUE.

Hâtez-vous de calmer nos mortelles alarmes.
Sur ce Vaisseau, brisé par les vents en courroux,
    Un Héros, l'objet de nos larmes,
    Ulysse étoit-il avec vous ?

ULYSSE.

Je sais qu'il voguoit vers Ithaque.

TÉLÉMAQUE.

Les Dieux l'en ont-ils éloigné ?

ULYSSE.

C'est donc ici qu'il a régné ?

TÉLÉMAQUE.

Vous voyez son fils Télémaque,
Vous voyez son fidèle ami.

ULYSSE.

Vous, son fils !

TÉLÉMAQUE.

Ah ! parlez. Votre cœur a gémi.

ULYSSE.

Hélas ! quelle atteinte mortelle

Je porte à vos sensibles cœurs !
Votre mère y survivra-t-elle ?
Il est....

TÉLÉMAQUE.

N'achevez pas. Je vois tous nos malheurs.

EUMÉE.

Il est donc vrai ! les Dieux ont terminé sa vie.

TÉLÉMAQUE.

Toute espérance m'est ravie.
Ma trop foible jeunesse attendoit tout de lui ;
Et parmi les dangers dont elle est poursuivie,
Me voilà désormais sans guide & sans appui !

ULYSSE, *à part.*

Moment délicieux ! bonheur digne d'envie !

EUMÉE.

Eh quoi ! le seul de ses Vaisseaux
Qui des vents & des mers eût défié la rage,
Vient se briser sur ce rivage ;
Et mon malheureux Maître y périt sous les eaux !

ULYSSE.

Sans foiblesse & sans crainte il a vu le naufrage,
Et d'un œil intrépide il a bravé la mort.

Mais, hélas ! que peut le courage
Contre l'ordre des Dieux & les arrêts du sort.

T R I O.

TÉLÉMAQUE.

O mon père !

EUMÉE.

O mon maître !

TÉLÉMAQUE.

Sort cruel !

EUMÉE.

Jour affreux !

(*Les deux ensemble.*)

Qui sera donc heureux ?
Ulysse n'a pu l'être.

ULYSSE, *à part.*

Ah ! quel père, ah ! quel maître
Fut jamais plus heureux ?

TÉLÉMAQUE.

J'ai perdu mon modèle,
J'ai perdu mon appui.

EUMÉE

EUMÉE.

Son épouse fidèle
Ne vivoit que pour lui.

ULYSSE.

Quel bonheur, auprès d'elle,
L'attendoit aujourd'hui !

TÉLÉMAQUE & EUMÉE.

Il n'en est plus pour elle,
Il n'en est plus sans lui.

ULYSSE.

Il est heureux encore ;
S'il vit dans tous les cœurs.

TÉLÉMAQUE & EUMÉE.

S'il vit dans tous les cœurs !
En doutez-vous encore,
Vous, qui voyez nos pleurs ?
C'est un Dieu qu'on adore.

ULYSSE, à part.

Je sens couler mes pleurs.

EUMÉE.

Aux yeux de la Reine
Comment nous offrir ?

TÉLÉMAQUE.

O Dieux ! quelle peine
Son cœur va souffrir !

C

ENSEMBLE.

Témoin tròp fidèle
De notre malheur,
Par pitié pour elle,
Trompez fa douleur.

ULYSSE, *à part.*

Mon ame chancelle ;
Un trouble vainqueur
M'égare, & décèle
Le fond de mon cœur.

(*Fin du Trio.*)

Ouvre les yeux, mon cher Eumée.

EUMÉE.

Qu'entends-je ? à cette voix mon ame accoutu-
mée.....

Télémaque ! ô Dieux bienfaifans !...
Mais non, ce n'eft pas lui : cette vieilleffe extrême,
Ces cheveux blanchis par les ans....

ULYSSE.

C'eft lui, c'eft Ulyffe lui-même.

TÉLÉMAQUE.

(*Frappé d'étonnement & tranfporté de joie.*)

Mon père !

ULYSSE.

En vain Minerve a voulu me cacher
Sous les glaçons de la vieilleffe.

Viens, reconnois ton père aux larmes de tendreſſe
Que la joie & l'amour viennent de m'arracher.

TÉLÉMAQUE, *dans les bras d'ULYSSE.*

Mon père ! enfin je vois l'auteur de ma naiſſance.

ULYSSE.

Modérons ces tranſports, & gardons le ſilence.
 Avant d'annoncer mon retour,
 Mon inquiète vigilance
 Veut tout obſerver dans ma Cour.

EUMÉE.

Ah ! de nos fiers Tyrans craignez la violence.

ULYSSE.

Vos Tyrans !

EUMÉE.

 Sous vingt Rois, vos indignes rivaux,
 Ithaque gémit opprimée.
Pénélope tremblante, & d'ennuis conſumée,
Les voit livrés ſans ceſſe à mille excès nouveaux.

ULYSSE, *à part.*

Ah ! de mes traits vengeurs que ma main ſoit armée ;
Et je vais par leur mort couronner mes travaux.
 Mon fils, le danger m'environne ;
 Que ferez-vous pour moi ?

TÉLÉMAQUE, *vivement.*

Commandez. Mille morts,
Mon père, à vos côtés n'ont plus rien qui m'étonne.
J'en atteste les Dieux & le sang dont je sors.

ULYSSE.

Si nous sommes aimés, nous serons assez forts.
Le bruit de mon trépas, que nous allons répandre,
Ces cheveux blancs, ces traits, que Minerve a
      changés,
Ces Rois, dont l'imprudence est facile à surprendre,
Mon fils, tout me répond que nous serons vengés.

AIR.

Que sous un voile impénétrable
La vengeance marche à pas lents.
Vous périrez, troupe exécrable,
Et tous mes coups seront sanglans.
N'offrons à leurs yeux insolens
Qu'un vieillard foible & misérable.
Que sous un voile impénétrable
La vengeance marche à pas lents.

ULYSSE, TÉLÉMAQUE & EUMÉE.

Que sous un voile impénétrable
La vengeance marche à pas lents.
Vous périrez, troupe exécrable,
Et tous nos coups seront sanglans.

Fin du second Acte.

ACTE III.

Le Théatre représente une Salle du palais D'ULYSSE.

SCENE PREMIERE.

ULYSSE, TÉLÉMAQUE.

ULYSSE.

Va-t-elle enfin paroître?

TÉLÉMAQUE.

Elle vient sur mes pas.

ULYSSE.

Je veux être seul avec elle :
Laissez-nous, & de mon trépas
Faites répandre la nouvelle.

TÉLÉMAQUE.

Vous allez déchirer ce cœur tendre & fidèle.

C 3

U L Y S S E.

Mon fils, obéiffez, & ne balancez pas.

S C E N E   I I.

U L Y S S E *feul.*

QUE n'ai-je pas fouffert, de lui voir, en fi-
lence,
Endurer de ces Rois le fafte humiliant !
Que n'ai-je pas fouffert, de voir leur infolence
Infulter au malheur d'un vieillard fuppliant !

A I R.

Ah ! que la prudence eft pénible,
Entre la colère & l'amour !
Quel tourment pour un cœur, d'étouffer tour-à-tour
Une fureur brûlante, une pitié fenfible !
Vingt fois mes yeux fe font couverts
Comme d'un nuage de larmes ;
Et vingt fois j'ai frémi de n'avoir pas mes armes
Pour exterminer ces pervers.

Ne vas pas oublier les confeils de Minerve,
Ulyffe ! on t'écoute, on t'obferve.
Du grand art de diffimuler,
Voici l'inftant de faire ufage.

Commande à tes regards, compofe ton vifage,
Défends à tes pleurs de couler.
La voici. Quel moment ! Et que vais-je lui dire?

SCENE III.

ULYSSE, PÉNÉLOPE, *Femmes de fa Suite.*

PÉNÉLOPE.

APPROCHEZ. Je refpecte & l'âge & le malheur.
Vous nous voyez dans la douleur ;
Mais nos maux vont finir, dès qu'Ulyffe refpire.
Il eft donc parti de Corcyre ?
Vous l'avez vu ?

ULYSSE.

J'ai dit la fimple vérité.

PÉNÉLOPE.

N'as-t-on rien appris de fa bouche
Qui l'intéreffe, & qui me touche ?

ULYSSE.

Je fais qu'il a fouffert la dure adverfité ;
Je fais que loin de fa patrie,
De périls en périls long-temps précipité,
Dans l'horreur des combats, fur les mers en furie,

C 4

PÉNÉLOPE,
Jamais votre image chérie
Un ſeul moment ne l'a quitté.

PÉNÉLOPE.

Ah ! combien je ſerois coupable,
Si, loin de lui, mon cœur avoit été capable
D'un moment de tranquillité !

AIR.

Je n'ai ceſſé de voir Ulyſſe
Depuis l'inſtant de nos adieux ;
Et ſes dangers, pour mon ſupplice,
Se ſont tous offerts à mes yeux.
Les vents, les eaux, le fer, la flamme,
Tout ce qui d'un mortel peut menacer les jours,
Portoit la terreur dans mon ame.
J'eſpérois quelquefois, mais je craignois toujours.

ULYSSE.

Plus la gloire eſt pénible & plus elle a de charmes :
Ulyſſe en jouit quelquefois.
Sur le tombeau d'Achille, au milieu de vingt Rois,
D'Achille au fier Ajax il diſputa les armes.

PÉNÉLOPE.

Et dès qu'on entendit ſon éloquente voix,
Il triompha ſans doute ?

ULYSSE.

Il fit couler des larmes,
Et les cœurs attendris reconnurent ſes droits.

PÉNÉLOPE.

Vous ne m'étonnez pas : mon Ulyſſe poſsède,
Dans l'art d'intéreſſer, un charme à qui tout cède.

ULYSSE.

Sous les murs d'Ilion, que la cendre a couverts,
Compagnon des Héros, il obtint leur eſtime ;
Mais de nouveaux dangers l'attendoient ſur les
    mers.
De Scylla, de Charybde, il vit l'affreux abîme.

PÉNÉLOPE.

O dieux !

ULISSE.

Les flots bruyants l'ont porté ſur leur cîme,
Entre ces deux gouffres ouverts.

PÉNÉLOPE.

Ah ! ſes périls paſſés me font frémir encore.

ULYSSE.

La fille du Soleil, Circé, qui fait pâlir
Le jour que ce Dieu fait éclore,
Vit Uliſſe en danger & daigna l'accueillir.

PÉNÉLOPE.

Circé !

PÉNÉLOPE,

ULYSSE.

Par une douce ivreſſe,
La perfide eſſaya d'obſcurcir ſa raiſon ;
Mais de la coupe enchantereſſe
Ulyſſe évita le poiſon.

PÉNÉLOPE.

AIR.

Tu ſavois combien ma tendreſſe
Devoit ſouhaiter ton retour,
Mon cher Ulyſſe ! & la ſageſſe
Te préſerva moins que l'amour.

ULYSSE.

Plus ſincère & plus dangereuſe ,
Calypſo, dans ſon iſle heureuſe ,
Invitoit votre époux à l'immortalité.

PÉNÉLOPE.

'Ah ! comment réſiſter aux charmes d'une amante ,
Qui propoſe un tel prix à l'infidélité !

ULYSSE.

Un ſéjour enchanteur , une Nymphe charmante,
Le ſort des Dieux , pour vous Ulyſſe a tout quitté.

PÉNÉLOPE.

Je fais mon bonheur de le croire :

Le doute feroit trop cruel.
Non, non, d'un amour mutuel
Il n'a point perdu la mémoire.
Non, le plus fage des mortels
N'aura point trahi les autels,
Sa foi, mon amour & fa gloire.
Je fais mon bonheur de le croire
Le plus fidèle des mortels.

SCENE IV.

PÉNÉLOPE, ULYSSE, LES POURSUIVANS,
TÉLÉMAQUE, EUMÉE, NÉSUS, *Suivantes
de* PÉNÉLOPE.

NÉSUS.

D'ULYSSE enfin le fort funefte
N'eft plus douteux : il eft defcendu chez les morts.

PÉNÉLOPE.

Qu'ofez-vous dire ?

LE POURSUIVANT.

Il vient de périr fur ces bords ;
Et cet étranger nous l'attefte.

PÉNÉLOPE.

Lui !

ULYSSE, *à* NÉSUS.

Cruel ! ah ! pourquoi diffiper fon erreur ?

PÉNÉLOPE.

Ulyſſe eſt mort !

ULYSSE.

Je ſuis le déplorable reſte
De ſon vaiſſeau briſé par les vents en fureur.

PÉNÉLOPE.

Vieillard, à m'accabler peut-être on vous engage.
Déjà, pour complaire à ces Rois,
Des étrangers, plus d'une fois,
M'ont tenu le même langage.
L'homme, dans le malheur, eſt ſi foible à votre âge;
Et ſur lui la crainte & l'eſpoir
Ont quelquefois tant de pouvoir !
Intimidé, ſéduit, avec ces Rois, peut-être,
Sans le vouloir, vous conſpirez.
Ah ! vous ne ſavez pas quel cœur vous déchirez.
Si ce n'eſt qu'une erreur, faites-là moi connoître.
Il en eſt temps encor. Ma vie, ou mon trépas
Dépend de vous, n'en doutez pas :
Un mot, un ſeul mot en décide.
Je vous vois attendri ; vous ſemblez me cacher
L'horreur que vous inſpire une trame perfide.
Vous le plaigniez, ce cœur que l'on veut m'arracher.
Par pitié de mes jours, que vous allez trancher,
Parlez. Ici des Dieux la majeſté réſide :
Vous n'avez ſous leurs yeux nul danger à courir.

Soyez fincère en affurance.
Ulyffe eft-il vivant ? Ma débile efpérance.
Doit - elle revivre ou mourir ?

ULYSSE.

(bas.)

O dieux ! foutenez mon courage.

(haut.)

Reine , vous infultez à mon abaiffement.

PÉNÉLOPE.

Bon vieillard, pardonnez : je vous fais un outrage ;
Cependant, je l'avoue, un confus mouvement,
Contre vous, dans mon cœur, s'élève obftinément.
J'interroge vos yeux, vos traits, votre langage,
Tout m'y peint la candeur : Eh bien , dans ce
    moment,
Je ne fais quelle voix en fecret vous dément.
C'eft-là pour moi, peut-être, un bien foible pré-
    fage !
Mais cent fois alarmée, & toujours vainement,
A vous croire aujourd'hui, quelle preuve m'engage ?

ULYSSE.

Hélas, que vos doutes font vains ;
Et qu'il m'eft bien aifé d'éclaircir ce nuage !
Reine , de votre foi reconnoiffez le gage
    Qu'Uliffe a laiffé dans mes mains.

PÉNÉLOPE.

L'anneau d'Ulyffe ! ô Dieux ! ô fort impitoyable !
Ainfi de mon malheur je ne puis plus douter !

ULYSSE.

Ah! pour vous l'annoncer, ce malheur effroyable,
Croyez qu'il a dû m'en coûter.

PÉNÉLOPE.

AIR.

Il est affreux, il est extrême,
Il n'est connu que de mon cœur.
Qui n'a pas aimé comme j'aime,
Ne peut concevoir mon malheur.
Tant que la plus foible apparence
Put me flatter dans ma souffrance,
La vie eut pour moi des appas ;
Mais un malheur sans espérance,
N'est qu'un pénible & long trépas.
Il est affreux, &c.

TÉLÉMAQUE.

Dieux ! elle succombe. Ma mère !
(La tenant dans ses bras , & regardant Ulysse.)
Il n'est donc plus d'espoir?

PÉNÉLOPE.

Que veux-tu que j'espère ?
Il a vu son naufrage, & tu l'as entendu.
Non, je n'ai plus d'époux, non, tu n'as plus de père.
Mon fils, nous avons tout perdu !

O ciel ! de la vertu c'est donc là le partage !

Après tant de dangers qu'il venoit de courir,
Aux bords qui l'ont vu naître il eſt venu périr !
Allez, Eumée, allez, parcourez ce rivage ;
Et parmi les débris rejettés par les flots,
    Faites recueillir ſur la plage
    Les reſtes ſacrés d'un Héros.
Qu'à l'honorer du moins ma douleur ſe ſoulage.
           (*Eumée ſort.*)
Vous, mon fils, qu'à ſon ombre on élève un tombeau :
Il ſera tous les jours arroſé de mes larmes.

ULYSSE.

Prince, n'oubliez pas d'y ſuſpendre ſes armes.

PÉNÉLOPE.

Hélas ! c'eſt pour ſa gloire un trophée aſſez beau.
    (*Aux Pourſuivans.*)
Et vous, qui jouiſſez du malheur qui m'accable,
    Puiſqu'enfin le ciel implacable
A des liens ſi chers me force à renoncer,
Au pié de ce tombeau que mon peuple ſe rende :
    C'eſt-là que je veux qu'on entende
    Ce que j'ai promis d'annoncer.

CHŒUR DES POURSUIVANS.

    Reine, le deſtin vous commande :
    Il n'eſt plus temps de balancer.
    (*Les Pourſuivans ſe retirent.*)

SCENE V.

ULYSSE, PÉNÉLOPE, *Femmes de sa Suite.*

ULISSE.

Qu'avez-vous résolu?

PÉNÉLOPE.

　　　　　Ma mort : j'y suis réduite.
C'est mon unique espoir, & j'y veux recourir.

CHŒUR DE FEMMES.

Hélas ! vous êtes mère, & vous voulez mourir !

PÉNÉLOPE.

Je veux me délivrer d'une affreuse poursuite.

ULYSSE.

Un fils vous reste encor : il peut vous secourir.

PÉNÉLOPE.

Dans les bras de sa mère, hélas ! on le menace.

ULYSSE.

On le menace !

P NÉLOPE.

　　　　　　　Et c'est pour lui
　　　　　　　　　Qu'on

Qu'on me fait trembler aujourd'hui.

ULYSSE, *d'un ton imposant.*

Du bonheur des méchans le ciel enfin se lasse.
Vous verrez tomber vos tyrans.

PÉNÉLOPE, *étonnée.*

Et quel Dieu fera ce miracle?

ULYSSE, *d'un air inspiré.*

Ulysse l'a prédit, croyez-en cet oracle :
L'avenir se dévoile aux regards des mourans.
Vivez, Reine, vivez, il l'ordonne lui-même.
Oui, je viens révéler sa volonté suprême :
Elle fera trembler vos tyrans odieux.

PÉNÉLOPE.

Ah! quel trouble inconnu vous jettez dans mon ame!
Sous les traits d'un mortel, êtes-vous l'un des Dieux?

ULYSSE.

Tout mortel que je suis, je prédis qu'à vos yeux,
Va bientôt, comme un trait de flamme,
Partir la vengeance des cieux.

(*Ils sortent ensemble.*)

D

SCENE VI.

Le Théatre repréſente une place publique, le tombeau d'Ulyſſe au milieu.

TÉLÉMAQUE, EUMÉE, PEUPLE d'Ithaque.

CHŒUR DU PEUPLE.

PLEURONS le plus ſage des Rois :
Le monde eſt rempli de ſa gloire.
Nous ne vivrons plus ſous ſes loix.
De ſes vertus, de ſes exploits
Gardons à jamais la mémoire.

SCENE VII.
LAÈRTE & les Précédens.

LAÈRTE, ſoutenu par deux PASTEURS.

IL n'eſt plus ! il n'eſt plus ! malheureux père !
hélas !
Etoit-ce à moi de lui ſurvivre ?
Ouvrez-moi ſon tombeau. Je veux du moins le
ſuivre
Dans l'affreuſe nuit du trépas.

SCENE VIII.

PÉNÉLOPE, ULYSSE, LES POURSUIVANS,
& les Acteurs précédens.

PÉNÉLOPE.

FILS d'Ulysse, & vous peuple, un vieillard vé-
nérable,
Témoin de son sort déplorable,
Vient porter à nos cœurs les plus sensibles coups.
Il a reçu, dit-il, sa volonté suprême,
Qu'il vient m'annoncer devant vous.
Il n'est rien sous le ciel de plus sacré pour nous.
Mais je veux, par serment, qu'il l'atteste, là
même,
Sur le tombeau de mon époux.

ULYSSE,
*après avoir monté les degrés du tombeau, sur
lequel il pose la main.*

Oui, j'atteste des morts les tyrans inflexibles,
Et le tombeau d'Ulysse, & ses armes terribles,
Qu'il n'a pu, sans frémir, vous savoir en danger,
Qu'il a plaint vos malheurs, & qu'il vient les ven-
ger.

PÉNÉLOPE, LES POUSUIVANS, LE PEUPLE.
Ciel!

PÉNÉLOPE,

ULYSSE, *aux Pourſuivans.*

Tremblez, malheureux, r connoiſſez Ulyſſe!

CHŒUR GÉNÉRAL.

Ulyſſe! ô Dieux!

ULYSSE, *à ſon fils & au Peuple d'Ithaque.*

Pour leur ſupplice,
Armez-vous, armez-vous.
(*Il leur diſtribue des armes.*)

CHŒUR DU PEUPLE & DES POURSUIVANS.
Armons nous, armons-nous.

(*Les Pourſuivans s'éloignent ; Ulyſſe & les ſiens traverſent le Théatre, & ſortent du même côté que les Pourſuivans.*)

===

SCENE IX.

LAËRTE, PÉNÉLOPE, *Femmes de* PÉNÉLOPE.

PÉNÉLOPE.

Ah! l'excès de ma joie accable ma foibleſſe.

CHŒUR, *avec* PÉNÉLOPE.

C'eſt lui! c'eſt Ulyſſe! grands Dieux!

CHŒUR, *hors du Théatre.*

Tombez, tyrans audacieux!

PÉNÉLOPE.

Hélas! dans quel trouble il me laisse!

CHŒUR, *sur le Théatre.*

Protège-nous, sage Déesse!
Ulysse combat sous tes yeux.

CHŒUR, *hors du Théatre.*

Tombez, tyrans audacieux.

LES POURSUIVANS.

Fuyons le danger qui nous presse.
Ulysse a pour lui tous les Dieux.

CHŒUR, *hors du Théatre.*

Tombez sous sa main vengeresse,
Tombez, tyrans audacieux.

CHŒUR, *sur le Théatre.*

Protège-nous, sage Déesse!
Ulysse combat sous tes yeux.

SCENE X & dernière.

ULYSSE, TÉLÉMAQUE, EUMÉE, PEUPLE d'Ithaque, PÉNÉLOPE, LAÈRTE, Femmes de PÉNÉLOPE.

PÉNÉLOPE, en se précipitant vers ULYSSE.

ENFIN dans mes bras je le presse !

ULYSSE.

Vos malheurs sont vengés, vos tyrans sont punis, Rendons graces aux Dieux qui nous ont réunis.

PÉNÉLOPE.

Ah ! quel moment pour ma tendresse !

ULISSE, PÉNÉLOPE, TÉLÉMAQUE, LAÈRTE.

ENSEMLE.

Dieux immortels ! Et toi, Minerve, & toi,

$\begin{cases} \text{Ma} \\ \text{Sa} \end{cases}$ Divinité tutélaire !

Que de vœux ! que d'autels ! que d'encens je vous doi !

OPÉRA.

ULYSSE.

Pénélope !

LAËRTE à *ULYSSE*, ULYSSE à *TÉLÉMAQUE*.

Mon fils !

PÉNÉLOPE.

Cher Ulyffe !

ULYSSE à *LAËRTE*, TÉLÉMAQUE à *ULYSSE*.

Mon père !

LES QUATRE.

C'eft vous enfin que je revoi !
Ah ! qu'il a de charmes pour moi !
Ce jour, ce beau jour qui m'éclaire !

PÉNÉLOPE.

Ah ! quelle époufe, ah ! quelle mère
Sera plus heureufe que moi !

ULYSSE.

Quel fils, quel époux, & quel père
Fut jamais heureux comme moi !

TÉLÉMAQUE.

Quel fils, dans les bras de fon père,
Fut jamais heureux comme moi !

PÉNÉLOPE & LAÈRTE à ULISSE.

Quel fils, quel époux, & quel père
Fut jamais aimé comme toi !

CHŒUR GÉNÉRAL.

Dieux immortels ! & toi, Minerve, & toi,
Sa divinité tutélaire !
Protégez, défendez, confervez ce bon Roi.

Un Ballet général termine l'Opéra.

F I N.

www.ingramcontent.com/pod-product-compliance
Lightning Source LLC
LaVergne TN
LVHW022141080426
835511LV00007B/1200